AF561969

L'AVOCAT,

MÉLODRAME EN TROIS ACTES,

ET A SPECTACLE;

De MM. Étienne Arago et Desvergers,

Representé, pour la première fois, à Paris, sur le Théâtre de l'Ambigu-Comique, le 16 juin 1827.

Prix : 1 fr. 50 c.

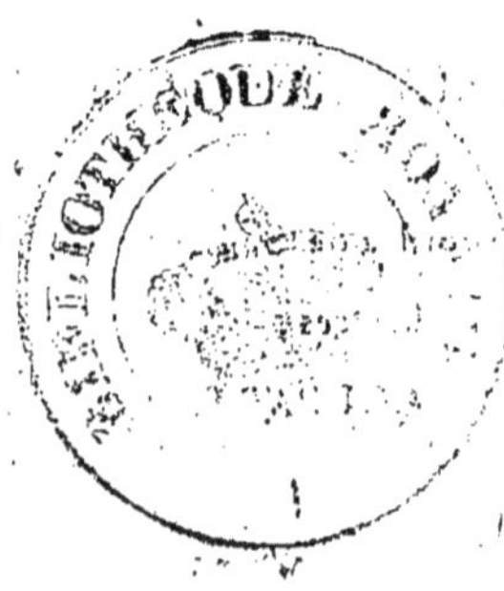

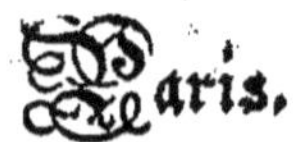

QUOY, LIBRAIRE-ÉDITEUR,

ET MAGASIN GÉNÉRAL DE PIÈCES DE THÉATRE, ANCIENNES ET NOUVELLES.

BOULEVARD SAINT MARTIN, N. 18.

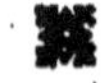

1827.

PERSONNAGES.	ACTEURS.
RENNEVILLE, avocat	M. MELCHIOR.
ALBERT, son fils aîné........................	M. WALTER.
JULES, frère d'Albert	M. DAVESNE.
RAYMOND, marchand de laines................	M. FRÉNOY.
MÉLANIE, sa nièce, sous le nom de Madame Dubreuil	MAD. VSANNAZ.
ADOLPHE, son fils, 15 ou 16 ans,................	Mlle CONSTANCE.
GASPARD, colporteur........................	M. VAUTRIN.
GRIFFON, écrivain public	M. DUBOURJAL.
ANTOINE, jardinier de M. Renneville	M. CHOL.
UN HUISSIER........................	M. JOLY.

VILLAGEOIS, VILLAGEOISES, PEUPLE, GARDES FORESTIERS, GENDARMES.

La Scène est à Vincennes au premier Acte, et à Paris aux deux autres.

Vu au Ministère de l'Intérieur, conformément à la décision de son Excellence, en date de ce jour.

Paris, le 21 Septembre 1826. Par ordre de S. Exc.,

Le Chef du bureau des Théâtres,

COUPART.

L'AVOCAT,

MÉLODRAME EN TROIS ACTES.

ACTE PREMIER.

Le Théâtre représente une partie du bois de Vincennes; dans le fond une route qui borne le bois, et au-delà de laquelle on voit la terrasse d'une maison de campagne; à l'extrémité gauche de cette terrasse est un escalier, descendant à une porte bâtarde qui donne sur la route; du même côté, sur le premier plan, est un gros chêne antique; en face, une modeste maison bourgeoise; au lever du rideau, il fait petit jour.

SCENE PREMIÈRE.

GASPARD, *seul.*

(*Il est couché sur un banc de gazon qui est sur le devant; sa tête appuyée sur un ballot de marchandises.*)

Hum! hum! voilà le jour! la fraîcheur du matin m'a glacé. (*il se lève.*) L'auberge de la belle étoile ne vaut pas toutes celles de Vincennes.. mais il n'en coûte rien pour y loger.. ça compense.. hum!.. allons, la marche me réchauffera... tâchons de me défaire de ce qui me reste dans ce ballot... j'ai beaucoup de pratiques dans ce pays-ci, ce ne sera pas long, j'espère; car il faut que je sois demain matin de bonne heure à Paris... au Palais de Justice...

J'aurais tout autant aimé ne pas être assigné comme témoin dans cette affaire-là... parce que si je voulais... mais je ne veux pas... Sans ce jeune Raymond qu'on doit juger, j'aurais de plus dans ma ceinture trois bons mille francs que me devait celui qu'il a tué si maladroitement. Mon maître avait bien besoin de se lier avec cet homme-là... je lui en voulais déjà pour le temps que son père m'a fait passer en prison, et puis ces trois mille francs qu'il m'a fait perdre... Ah! ce coup de pistolet m'a ruiné!... aussi j'y pense toujours... encore cette nuit... j'ai rêvé... mais était-ce bien un rêve?... il m'a semblé voir se glisser entre ces arbres une figure... Et s'il n'était pas en prison! je jurerais que c'est lui. (*On entend une musique villageoise.*) Qu'est-ce qui vient donc par ici? des villageois endimanchés de si bon matin!... oh! oh! il y aura peut-être moyen de faire avec eux quelques coups de commerce...

SCENE II.

GASPARD, ANTOINE, VILLAGEOIS.

GASPARD.

Eh! c'est le brave Antoine, le jardinier de M. Renneville.

ANTOINE.

Comment, c'est vous Gaspard! dans ce pays? où diable avez-vous donc couché!

GASPARD.

Vous le voyez : dans cette saison, je préfère la verdure au meilleur lit; ça convient mieux à ma santé et à ma bourse.

ANTOINE.

Chacun son goût... Mais vous avez donc repris votre ancien métier?

GASPARD.

Mon dieu... oui... j'ai quitté la livrée... le ballot que je porte sur mon dos m'appartient au moins... et c'est mon petit négoce qui m'amène par ici... nous ferons sans doute quelqu'affaire ensemble... Je vous vois tous en habit de fête, et j'ai de beaux mouchoirs, des dentelles, et des fichus pour vos femmes et vos jeunes filles.

ANTOINE.

Ça pourra se faire... car c'est un beau jour que le jour d'aujourd'hui...

GASPARD.

Comment donc?

ANTOINE.

Nous sommes de noce...

GASPARD.

Bah! qui donc se marie parmi vous?

ANTOINE.

Oh!... c'est mieux que ça... le marié est le fils de M. Renneville; un jeune homme charmant, qui sera bientôt, à ce qu'on dit, un avocat aussi distingué que son père.

GASPARD.

Dont il fera long-temps le bonheur si le ciel m'écoute. M. Renneville est un brave homme; il m'a rendu un service que je n'oublierai jamais.

ANTOINE.

Ça ne m'étonne pas, vous n'êtes pas le seul qu'il ait obligé.

GASPARD.

C'était du sérieux... il ne s'agissait de rien moins que de quelques années de prison; et il me les a évitées.

ANTOINE.

Comment?...

GASPARD.

Oui : dans une visite que l'on fit de mon ballot à une barrière, un jour que je rentrais à Paris, on reconnut des étoffes précieuses qui, disait-on, avaient été volées... je n'en savais rien, ma foi... je les tenais d'un ami qui me les avait cédées au prix-coûtant; un négociant de Reims, nommé Raymond, à qui ces étoffes avaient été soustraites, soutînt que c'était moi qui les avais dérobées, on me fit arrêter. J'eus beau lever la main, on me mit à la Force, où je serais peut-être encore, sans l'éloquence de M. Renneville, qui prouva clair comme le jour que j'étais innocent. Il me fit rendre la liberté, et surtout mes marchandises et mon argent, qui auraient bien pu rester au greffe.

ANTOINE.

C'est que not' maître a autant de talent que de bonté.

GASPARD.

Aussi lui suis-je dévoué ainsi qu'à toute sa famille, à la vie et à la mort... Ah! ça le marié est fils unique?

ANTOINE.

Hélas! non.

GASPARD.

Comment, hélas!

ANTOINE.

Est-ce qu'il y a des gens tout-à-fait heureux dans ce monde!... Ce pauvre M. Renneville a un autre fils, l'aîné, qui avait aussi tout plein de belles qualités; mais les mauvaises connaissances. Il y a plus de quinze ans qu'il est parti; et depuis ce temps-là, on n'a pas de ses nouvelles.

GASPARD.

Voyez-vous ça !... il faut qu'il y ait toujours des mauvais sujets dans les familles.

ANTOINE.

Chut! Gaspard; not' maître vient de ce côté.

SCENE III.

LES MÊMES, RENNEVILLE.

RENNEVILLE.

Bonjour, mes amis; Antoine, savez-vous si madame Dubreuil serait visible à cette heure?

ANTOINE.

Dame! Monsieur; il peut être un peu matin, quoique cette brave dame soit plus matinale que celles de Paris.

RENNEVILLE.

Je venais lui réitérer l'invitation que je lui avais faite... Mais je ne me trompe pas... c'est toi, Gaspard... te voilà donc redevenu négociant ambulant?...

GASPARD.

Mais oui, monsieur Renneville, je n'ai pas été heureux dans l'autre métier; j'y ai peu gagné et beaucoup perdu.

RENNEVILLE.

Je conçois que cela ne fesait plus ton compte.

GASPARD.

Je crois bien... Vous vous rappelez ces pauvres mille écus, en espèces bien sonnantes, que grâces à vos soins, on me rendit, quand votre beau discours m'eût tiré des griffes de la justice... Eh bien! je les confiai à un jeune homme, au service de qui j'entrai alors; il était dans les affaires... un courtier-marron, qu'on appelle... il fesait belle figure, tout le monde le croyait riche, et moi tout le premier.

RENNEVILLE.

Et que t'est-il arrivé?

GASPARD.

Ah! j'appris un beau jour que toute sa fortune consistait dans son commerce; sauf ça, pas un pouce de bien au soleil... j'aurais bien voulu retirer mes fonds... mais impossible... et un étourdi, une mauvaise tête, cherchant querelle à tout le monde... je tremblais qu'il ne lui arrivât quelque malheur... ça n'a pas manqué... et à moi aussi par contre coup...

RENNEVILLE.

Il est mort ?. .

GASPARD.

Tout juste... mille écus, monsieur Renneville, mille écus... nous avons été assassinés, mon maître et moi... encore lui, il n'a plus besoin de rien... mais moi je crois que j'aimerais mieux être à sa place.

RENNEVILLE.

Il eût donc un duel ?

GASPARD.

Un duel !... ce n'était pas un duel... c'était un meurtre... Le coupable est arrêté... c'est aujourd'hui qu'on doit le juger.

(On entend Griffon fredonner dans la coulisse.)

ANTOINE.

Ah ! voilà M. Griffon.

SCÈNE IV.

Les Mêmes, GRIFFON.

GRIFFON, chantant.

En ruses si fertile,
L'Amour est enfin soumis ;
Et ce dieu... volatile
Par l'Hymen en cage est mis.

(Il écrit.)

Et là-dessus, une triple salve d'applaudissemens.

RENNEVILLE.

Certainement, bravo, M. Griffon !

GRIFFON.

Ah, Monsieur, c'est vous !.. mille pardons... Mais voyez-vous... c'est un grand honneur pour un écrivain du Palais de se trouver invité à la noce du fils d'un avocat, et je veux me signaler... Mais est-ce que je me ferais attendre ?

RENNEVILLE.

Non, mon ami, rassurez-vous.

GRIFFON.

Ça ne serait pas étonnant ! Il vient d'arriver à Paris un événement terrible... tout le Palais est en rumeur... la force armée est sur pied.

TOUS.

Comment ?

GRIFFON.

Vous savez bien ce jeune homme dont le procès criminel devait être jugé demain, le nommé Jean-Baptiste-Eugène Raymond, accusé d'assassinat avec préméditation..

TOUS.

Eh bien ?

GASPARD, à part

Est-ce que mon rêve de cette nuit...

GRIFFON.

Il s'est évadé.

TOUS.

Ah !..

GASPARD, à part.

Ce n'était pas un rêve.

GRIFFON.

Vous pensez bien qu'on n'a pas perdu de temps pour envoyer sur ses traces... et bientôt, sans doute, vous aurez par ici bien du mouvement.

GASPARD, à part.

C'est moi qui servirai de guide.

ANTOINE.

Monsieur, voilà madame Dubreuil avec son fils.

GASPARD.

Je vous salue, M. Renneville. Antoine, après la cérémonie, je remonterai chez vous : nous verrons si nous ferons quelques affaires avec vos jeunes filles.

RENNEVILLE.

Adieu, Gaspard.

GASPARD, à part.

Je connais le bois de Vincennes ; s'il est venu s'y réfugier, malheur à lui ! (*Il sort.*)

SCÈNE V.

RENNEVILLE, ANTOINE, GRIFFON, MÉLANIE, ADOLPHE, VILLAGEOIS.

RENNEVILLE.

Je n'osais me présenter de si bonne heure chez vous, Madame... Nous ferez-vous l'honneur d'accepter l'invitation qui vous a été transmise de ma part ?

MÉLANIE.

Je suis trop sensible à vos bontés, Monsieur, pour ne pas

vous en témoigner toute ma reconnaissance... mais mon Adolphe seul profitera du plaisir que vous nous offrez.

RENNEVILLE.

Eh! pourquoi ne viendriez-vous pas aussi?.. Vous avez des chagrins, je le sais;.. ils sont grands, puisque vous fuyez ainsi le monde quand tout ce qui vous entoure s'accorde à faire votre éloge, et voudrait contribuer à votre bonheur.

MÉLANIE, *à part.*

Le bonheur!

ADOLPHE.

Ma bonne mère, je serais bien plus heureux à cette fête si tu venais avec moi.

MÉLANIE.

Non, mon ami, je ne trouve quelque charme que dans la solitude... Mes soins pour toi, voilà mes seuls délassemens; jouis en paix de ceux de ton âge .. D'ailleurs, tu le sais, ton oncle Raymond doit arriver de Reims ce matin; une lettre de lui me l'a annoncé... je dois l'attendre... M. Renneville, recevez mes excuses et mes remerciemens.

GRIFFON.

Mon ami, si, comme je n'en doute pas, vous avez de la mémoire, je vous donnerai un couplet pour chanter à la mariée.

RENNEVILLE.

Il s'en acquittera fort bien, j'en suis sûr.

MÉLANIE.

Je serais désolée, Monsieur, de vous éloigner plus long-temps des jeunes époux qui vous attendent... Je sais que l'heure de la cérémonie approche... ne retardez pas davantage l'accomplissement de leurs vœux.

RENNEVILLE.

Puisqu'il est impossible de vous décider, Madame, du moins votre aimable fils nous dédommagera de votre absence, et nous reporterons sur lui toute l'amitié que nous voulions vous prouver. Suivez-moi, mes amis, ce n'est qu'en rentrant que nous passerons de ce côté.

(*Il sort suivi de Griffon, d'Antoine et des Villageois.*)

SCÈNE VI.

MÉLANIE, ADOLPHE.

ADOLPHE.

Oh! comme il est bon, M. Renneville, comme il nous aime!

MÉLANIE.

Ah! les cœurs comme le sien sont bien rares! (*à part.*) et je le sais... mais plusieurs fois à l'intérêt qu'il me témoignait... aux questions qu'il m'adressait... j'aurais cru qu'il avait quelques soupçons... Mais, non... comment pourrait-il ?..

ADOLPHE.

Que dis-tu donc ?...

MÉLANIE.

Rien, rien mon fils... regarde, c'est lui... c'est mon oncle... le tien... ah!...

SCÈNE VII.

LES MÊMES, RAYMOND.

RAYMONT, l'embrassant.

Ma chère Mélanie !..

MÉLANIE.

Mon oncle!...

RAYMOND.

Et toi, mon Adolphe... je vois que vous vous portez bien...

MÉLANIE.

Mais vous, mon oncle.. vous êtes changé. . quel chagrin...

RAYMOND.

Il y a long-temps que nous ne nous sommes vus, Mélanie... Dix ans environ... Ton Adolphe était bien jeune alors... Mais ce n'est pas cela...

MÉLANIE.

Serait-ce cette affaire importante dont votre lettre...

RAYMOND.

Tu vas être bien surprise, bien contente d'abord .. mais ensuite ton âme sera navrée comme la mienne.

MÉLANIE.

Vous m'effrayez!... Éloigne-toi, Adolphe.

(*Adolphe remonte la scène.*)

RAYMOND.

La dernière fois que je vins à Paris... nous nous apprîmes mutuellement nos malheurs... tu venais, me dis-tu, de perdre ton époux... et moi, je t'annonçai qu'une lettre de ce jeune Albert Renneville, avec qui ton cousin Eugène, mon fils, était parti pour l'Amérique, me fesait part de sa mort... Pauvre enfant, malgré les torts qu'il eût envers moi... je le pleurai en père...

Eh bien ! si j'en crois les journaux que j'ai lus, au retour d'un voyage entrepris pour mes affaires... Eugène, ton cousin, mon fils... Il existe !...

MÉLANIE.

Ah ! Dieu !...

RAYMOND.

Oui.... mais pour être la honte, l'opprobre de sa famille ; il existe !... mais dans un cachot... comme assassin... et c'est demain... demain qu'il doit être jugé.

MÉLANIE.

Eugène... serait-il vrai ?

RAYMOND.

Je ne sais encore ce que je dois penser... voilà ce qui m'amène... il faut que je le voie... J'ai pleuré sa mort... Ah ! je pleurerai bien d'avantage si je dois le retrouver coupable d'un crime aussi affreux.

MÉLANIE.

Il faut sortir de cette cruelle incertitude... mon oncle, je vous suis à Paris... partons...

ADOLPHE.

Ma mère, voilà toute la noce qui revient.

MÉLANIE.

Reste en ces lieux, mon ami ; il faut que je m'absente avec ton oncle pendant quelques heures... je te reverrai bientôt... (*A Raymond.*) Venez, venez !...

RAYMOND.

Adieu, Adolphe...

ADOLPHE.

Eh bien, tu ne m'embrasses pas ?

MÉLANIE, l'embrassant.

Mon ami !..

(*Elle sort avec Raymond, la noce paraît et se dirige vers la porte de la terrasse.*)

SCÈNE VIII.

RENNEVILLE, JULES, LA MARIÉE ET SA MÈRE, *personnages muets*, GRIFFON, ANTOINE, GENS DE LA NOCE, ADOLPHE, *un moment après* ALBERT.

(*La noce a déjà défilé, et une partie est sur la terrasse, lorsqu'Albert entre en scène, et regarde, caché par le gros arbre qui est sur le devant.*

ALBERT.

Une noce !.. que vois-je !... je ne me trompe pas !...

(*Adolphe sortant de chez sa mère, va pour suivre la noce, Albert l'arrête.*)

Un instant... de grâce... écoutez-moi...

ADOLPHE.

Ah ! mon Dieu !

ALBERT.

Silence ! ..

SCÈNE IX.

ALBERT, ADOLPHE.

ALBERT.

Si vous n'êtes point insensible aux peines d'un malheureux... vous pouvez lui rendre un grand service.

ADOLPHE.

Parlez Monsieur ; que voulez-vous ?

ALBERT, déchirant une feuille d'un petit carnet et y traçant quelques lignes.

Dites-moi... n'êtes-ce pas M. Jules Renneville que je viens d'apercevoir ?

ADOLPHE.

Oui... il vient de se marier.

ALBERT, à part.

C'est lui. (*Haut.*) Ayez la bonté de lui remettre ce billet, le plutôt possible... mais sans être vu de personne.

ADOLPHE.

Avec plaisir.

ALBERT.

Vous me le promettez...

ADOLPHE.

Oh ! comptez sur moi.

ALBERT.

Indiquez lui bien l'endroit où je l'attends

ADOLPHE.

J'y cours.

(*Il se dirige vers la porte de la terrasse, Gaspard entre et l'y rencontre.*)

SCÈNE X.

LES MÊMES, GASPARD.

GASPARD.

Ah ! vous vouliez peut-être passer par-là, mon jeune ami... mais la porte est fermée... venez avec moi... nous entrerons par la grande porte.

(*Ils sortent.*)

SCÈNE XI.

ALBERT, seul.

C'est donc près de ces lieux, où se passa mon enfance, que m'a conduit un sentiment dont je n'ai pas été le maître. . . . toute la nuit j'ai erré dans les bois... et le jour me ramène à la porte de la demeure de mon père... de mon père irrité à si juste titre contre un fils coupable... mais dont il est loin de connaître, hélas ! tout le malheur... Sombres mûrs de mon cachot, le ciel m'a permis de vous fuir... ah ! qu'il ajoute à ce bienfait, celui de me faire retrouver tous les objets chers à mon cœur... Cette femme surtout, que j'ai si indignement abusée ; et ce malheureux fruit de mon amour ! . . . ô mon fils ! . . . ô Mélanie ! ce n'est qu'en pensant à vous, que je n'ai pas succombé sous le poids de mes malheurs.

SCÈNE XII.

ALBERT, JULES.

JULES.

Dans un pareil moment, qui peut vouloir me parler avec tant de mystère.

ALBERT.

Moi, Monsieur.

SCENE XVIII.

LES MÊMES, GRIFFON, ADOLPHE.

GRIFFON

Monsieur Renneville, votre maison est pleine de militaires... ils sont à la recherce du prisonnier évadé, et le commandant désire vous entretenir.

JULES, à part

Ciel !...

RENNEVILLE.

Je vais le recevoir... Jules, suis moi.

ADOLPHE, à Griffon,

Moi, je vais rentrer chez ma mère.. j'étudierai plus tranquillement les couplets que vous m'avez donnés.

(*Il rentre*, *Griffon suit M. Renneville et Jules.*)

SCENE XIX.

GASPARD, *seul.*

Bien, les perquisitions continuent... pourvu que je n'aie rien laissé tomber... ma lettre... la voilà... (*il lit.*) « A M. Eugène Raymond. » Le jour où mon maître m'ordonna de la porter à ce jeune homme pour l'appeler en duel, je croyais pourtant bien en gardant cette lettre dans ma poche, éviter un combat dont l'issue me faisait trembler... je ne pensais pas qu'un maudit hasard les ferait rencontrer... prenez donc des précautions... des précautions... oui... c'en est une.. le duel m'a enlevé mille écus... cette lettre me les rendra peut-être; dans tous les cas, elle sert du moins ma vengeance contre son père.

SCENE XX.

GASPARD, ADOLPHE.

ADOLPHE, sortant de chez sa mère.

Oh! mon dieu!... comme j'ai eu peur!...

GASPARD.

Qu'est-ce que vous avez donc, M. Adolphe?...

RENNEVILLE.

Le dénoncerais-tu ?

GASPARD.

Dame! monsieur Renneville... c'est lui qui m'a fait perdre mon argent... mes pauvres mille écus! et vous sentez bien...

RENNEVILLE.

Quoi!... c'est ce jeune homme...

GASPARD.

S'il n'avait pas tué mon maître... quelque jour que M. Dargis aurait fait un bon coup à la Bourse, il m'aurait rendu mon argent avec les intérêts même; je vous demande si je dois avoir de la rancune contre cet homme là?... aussi il n'a qu'à bien se tenir, s'il est repris... son affaire est bonne, et demain ma déposition...

RENNEVILLE.

Que dis-tu, malheureux!... ignores-tu, qu'ainsi que le juge qui absout et condamne avec impartialité, le témoin doit dire ce qu'il sait sans aucune haîne, sans nulle passion!...

GASPARD.

Oh! tout ce que je dirai sera vrai...

RENNEVILLE.

Un témoignage accusateur est un devoir pénible, Gaspard; et je te plains d'avoir à le remplir.

GASPARD.

Je suis bien plus à plaindre d'être ruiné!...

RENNEVILLE.

Son châtiment te rendra-t-il ce que son crime t'a fait perdre. Va, Gaspard... ne charge pas ta conscience d'une mauvaise action... acquitte-toi comme témoin dans cette affaire de l'obligation cruelle que la loi t'impose, sans te laisser influencer en rien par ta position envers l'accusé; et puisque tu as repris ton commerce, crois-moi, la Providence bénira tes efforts, et tu regagneras un jour ce qu'un malheur t'a enlevé.

GASPARD.

Mille écus... ce sera bien long!...

SCÈNE XVII.

Les Mêmes, JULES, *sortant de chez madame Dubreuil.*

JULES, à part.

Mon père avec ce Gaspard!... pourvu qu'ils ne nous aient point aperçus.

RENNEVILLE.

Ah! viens donc! Jules... je te cherchais...

JULES.

Vous...

ALBERT.

Quinze années d'exil et d'infortune ont sans doute bien changé à tes yeux l'ami de ton enfance.

JULES.

Quel discours !

ALBERT.

Jules, tu ne reconnais pas ton frère !

JULES.

Mon frère, toi!... ah!... (*Ils se jettent dant les bras l'un de l'autre.*) Mais dans quel état !...

ALBERT.

Tu me plains quand tu devrais m'accuser... Ah ! si tu savais quelles circonstances affreuses m'ont ramenées vers toi.

JULES.

Que dis-tu?... explique moi...

ALBERT.

Tu n'ignores-pas que demain on devait juger un grand coupable... tu sais peut-être, déjà, que ce coupable est parvenu à briser ses fers... Eh bien ! ce criminel... ce meurtrier... c'est moi...

JULES.

Toi... Albert... mon frère !...

ALBERT.

Écoute, et ne me regarde pas encore avec horreur.

JULES.

Mais comment se fait-il qu'un autre nom ?...

ALBERT.

Tu vas l'apprendre. Tu n'as pas oublié les erreurs, les fautes de ma jeunesse... Chargé de dettes, poursuivi de tous côtés, ayant lassé les bontés et la patience de mon père, je quittai la France et m'embarquai avec un jeune artiste, Eugène Raymond, avec qui j'étais lié depuis quelque temps à Paris... Nous arrivâmes à New-Yorck, et la destinée cruelle qui dès-lors s'est attachée à mes pas, m'enleva bientôt mon compagnon de voyage. Eugène succomba aux atteintes douloureuses d'une maladie peu commune en ces contrées... Je trouvai dans ses papiers dont je restai dépositaire, l'adresse de son père que je ne connaissais point ; je lui annonçai par ma lettre la mort de mon malheureux ami... Seul alors, sans connaissances, sans appui sur une terre étrangère, je tentai pendant quinze années mille moyens de me faire un sort indépendant... Tous restèrent sans succès, et je me déterminai enfin à revenir en France. Le souvenir de ma famille offensée n'était pas le seul qui pesait sur mon cœur. Celui d'une femme qui m'est chère...

JULES.

Quoi!..

ALBERT.

Oui... avant mon départ, une jeune parente d'Eugène m'avait enflammé de l'amour le plus violent... Je fus payé de retour; bientôt victime d'un faux hymen; elle devint mère, et ce fut en ce moment que j'eus la lâcheté de l'abandonner. C'est surtout pour elle et pour mon fils; c'est pour leur rendre l'honneur que je revis la France; mais redoutant les suites du dérangement de mes affaires... craignant bien plus encore de porter atteinte au nom respecté de mon père; en un mot, pour cacher mon retour à vous et à mes créanciers, je profitai des papiers de mon ami, et j'arrivai à Paris sous le nom d'Eugène Raymond.

JULES.

Et c'est sous ce nom...

ALBERT.

J'avais fait, mais en vain, toutes les recherches imaginables pour trouver Mélanie. Me rappelant sa parenté avec le père de celui dont j'avais pris le nom, je supposai que, sans me faire connaître, je pourrais avoir par M. Raymond père quelques renseignemens, et je me décidai à partir pour Reims qu'il habitait. Je n'avais plus que deux jours à rester à Paris, lorsqu'un soir je rencontre un nommé Dargis avec qui j'avais fait connaissance depuis mon retour... Ce jeune homme suivait avec impudence une femme qui faisait de vains efforts pour se débarrasser de ses importunités... elle paraissait réclamer des secours... Je prends sa défense... la querelle s'échauffe... la victime de cet outrage en profite pour disparaître, et Dargis me quitte fort irrité contre moi... Le lendemain, je le rencontrai de nouveau: en m'abordant il me traite de lâche... Il m'avait écrit, disait-il, pour me proposer un cartel... La lettre ne m'était point parvenue, je lui en donnai ma parole; mais j'étais à sa disposition.... j'avais mes pistolets sur moi... et le sort se déclara pour la plus juste cause... mon adversaire tomba... j'allais fuir quand son domestique accourut avec du monde et me désigna comme assassin.

JULES.

L'infâme!

ALBERT.

Que te dirai-je!... tout sembla concourir à justifier son accusation; je ne sais par quelle fatalité le pistolet que tenait Dargis disparut, il ne se trouva sur le terrain que le mien... l'armurier chez lequel je me l'étais procuré, le reconnut....

et cette circonstance, jointe à la déposition des témoins, me fit arrêter. Je me glorifiai alors d'avoir pris le nom de Raymond... Ses papiers que je portais sur moi ne laissaient aucun doute sur l'identité... Du moins, me disais-je, ma famille ignorera mon malheur, et si je suis destiné à périr du dernier supplice, je mourrai sans lui transmettre l'opprobre de mes derniers momens.

JULES.

Non... tu ne mourras point; le ciel t'a permis de briser tes fers..... Maintenant c'est une retraite sûre qu'il faut te trouver.

ALBERT.

Tu me pardonnes, Jules, puisque tu daignes t'intéresser à mon sort... Oui, je compte sur toi pour me procurer un asile... pendant ce temps tu continueras mes recherches pour que je puisse réparer envers Mélanie et son enfant les torts affreux qu'ils ont à me reprocher.

JULES.

Mais, mon frère... je ne puis en ce moment !...

ALBERT.

Je le sais... et déjà je me reproche de t'avoir trop long-temps éloigné de ta jeune épouse.

JULES.

Ecoute... cette maison n'est habitée que par une jeune veuve, madame Dubreuil qui vit très-retirée avec son fils... je ne doute pas qu'elle ne consente à te donner l'hospitalité pour quelques heures... ce soir, nous retournons à Paris... je préviendrai Antoine, on peut compter sur sa discrétion; et quand nous serons partis, tu viendras reposer ta tête sous le toît où tu vis le jour.

ALBERT.

Quel espoir !..

(Jules entre dans la maison de Mélanie.)

SCENE XIII.

ALBERT, puis GASPARD.

ALBERT.

Pourvu que je ne rencontre pas mon père... je ne pourrais jamais soutenir ses regards.

(Gaspard paraît sur la terrasse et aperçoit Albert.)

GASPARD.

Ah! c'est lui.

(Il disparaît.)

SCENE XIV.

ALBERT, JULES.

JULES.

Madame Dubreuil est absente; une vieille gouvernante garde seule la maison... On t'attend... viens.

(*Ils entrent vivement.*)

SCENE XV.

GASPARD, *seul.*

(*Il accourt et cherche partout.*)

Il n'y est plus..., c'est donc comme une ombre... où a-t-il passé?... mais on fait en ce moment une battue générale dans le bois... Il ne peut être loin... allons prévenir la force armée, et que ce soit de ce côté qu'on fasse les recherches les plus sévères.

(*Il va pour sortir.*)

SCENE XVI.

GASPARD, RENNEVILLE.

RENNEVILLE.

Où cours-tu donc ainsi, Gaspard!

GASPARD.

Chercher des soldats...

RENNEVILLE.

Et pourquoi?

GASPARD.

Ce criminel échappé cette nuit de la conciergerie...

RENNEVILLE.

Il serait en ces lieux?...

GASPARD.

Tout-à-l'heure il était là...

RENNEVILLE.

Le bois est cerné de toutes parts...

GASPARD.

Oui... mais s'il parvenait à se cacher, il échapperait encore...

ADOLPHE.

C'est qu'il y a dans la maison un homme qui m'a effrayé, on dirait celui qui tantôt...

GASPARD.

Bah! et vous ne savez point...

ADOLPHE.

Je n'ai pu lui parler... il dort... mais comme son sommeil est agité!...

GASPARD, à part.

Quel soupçon!...

ADOLPHE.

Et puis ses vêtemens en désordre... sa figure pâle...

GASPARD.

Plus de doute... c'est lui!...

ADOLPHE.

Que dites-vous?...

GASPARD.

Les soldats que vous avez vus chez M. Renneville sont à la recherche d'un criminel.

ADOLPHE.

Eh bien!...

GASPARD.

C'est cet homme qui s'est réfugié chez vous.

ADOLPHE.

Quoi?...

GASPARD.

C'est un grand coupable, un meurtrier, un scélérat enfin...

ADOLPHE.

Ah! mon dieu!...

GASPARD.

Les lois punissent sévèrement ceux qui donnent un asile à un assassin.

ADOLPHE.

Un assassin chez nous!...

GASPARD.

Si on l'y trouve sans que vous ayez averti... votre mère sera compromise.

ADOLPHE.

Ma mère!... ma bonne mère!...

GASPARD.

Les soldats ne peuvent être loin, rassurez-vous, je vais vous en débarrasser... venez!... venez avec moi!...

(*Il l'entraîne et sortent.*)

SCENE XXI.

ANTOINE, VILLAGEOIS.

(*Les villageois conduits par Antoine, traversent la terrasse et descendent en scène.*)

ANTOINE.

Allons, mes enfans, pendant que la société de M. Renneville va danser sur la terrasse, profitons de la musique, et dansons sur la pelouse.

BALLET.

(*A la fin des danses, Gaspard et Adolphe arrivent suivis de soldats et gardes-chasses.*)

SCÈNE XXII.

LES MÊMES, GASPARD; ADOLPHE, SOLDATS.

GASPARD, indiquant la maison.

Par ici!... par ici!... il est là!...

(*Ils entrent dans la maison, les villageois se rangent au fond.*)

SCÈNE XXIII.

JULES, ANTOINE, VILLAGEOIS, puis MÉLANIE.

ANTOINE.

Qu'est-ce qu'ils viennent donc chercher?

JULES.

Je ne puis résister à l'inquiétude qui me tourmente, mon pauvre frère!.. (*à Mélanie qui arrive.*) Ah! vous arrivez, Madame!..

MÉLANIE.

A l'instant, Monsieur...

JULES.

Excusez la liberté que j'ai prise, dans l'embarras où je suis aujourd'hui., de choisir votre demeure pour servir de retraite à un malheureux.

MÉLANIE.

Vous excuser !.. les malheureux sont toujours bien reçus chez moi... et je vais lui témoigner...

(*Elle se dirige vers la maison.*)

SCÈNE XXIV.

LES MÊMES, ADOLPHE.

ADOLPHE.

Ah, ma mère !.. n'entre pas, n'entre pas, je t'en prie !.

MÉLANIE.

Qu'as-tu, mon fils ?..

ADOLPHE.

Un méchant homme, échapppé cette nuit des prisons... un meurtrier était caché dans la maison...

MÉLANIE.

Comment ?..

JULES, à part.

Il est découvert !..

ADOLPHE.

Cela t'exposait, m'a-t-on dit... et j'ai dû pour sauver ma mère... Vois... on l'arrête en ce moment.

MÉLANIE.

O ciel !.. Eugène a brisé ses fers... si c'était lui !..

SCÈNE XXV.

LES MÊMES, GASPARD, ALBERT, entouré de Gardes.

ALBERT.

Plus d'espoir !..

JULES.

Il est perdu !

ALBERT, le voyant.

Jules !.. ah ! je ne dois pas le reconnaître.

MÉLANIE.

Que vois-je ?.. ces traits...

ALBERT.

Grands dieux !.. Mélanie !..

MÉLANIE.

Albert !.. (*à Adolphe.*) Malheureux enfant, qu'as-tu fait ?.. c'est ton père !..

ADOLPHE.

Mon père !

(*Il se jette dans les bras de sa mère, que les villageois soutiennent ; on emmène Albert. Tous les gens de la noce, inquiets de Jules, paraissent sur la terrasse.*

TABLEAU.

FIN DU PREMIER ACTE.

ACTE II.

Le Théâtre représente la salle où se rassemblent les témoins. Des banquettes à gauche, et à droite une table et deux chaises. On doit nécessairement traverser cette salle pour aller à celle où siège la Cour.

SCÈNE PREMIÈRE.

GRIFFON, GASPARD, trois témoins.

GASPARD, *aux témoins.*

Ah ! si c'est la première fois que vous paraissez en justice, il est clair que vous êtes tout-à-fait novices et que vons auriez bien besoin d'une leçon.

GRIFFON.

Ces Messieurs désirent-ils quelques renseignemens ?

GASPARD, *à part.*

Encore ce diable d'écrivain. (*Haut.*) Mais oui, M. Griffon ; ces Messieurs ne sont pas au fait des us et coutumes du Palais.

GRIFFON.

Vous devez en être plus instruit vous, car la Normandie est, dit-on, la terre classique de tous les genre de procédures.

GASPARD.

Oh ! moi... je connais ça en théorie et en pratique, et depuis le juge de paix jusqu'au Tribunal de Cassation; j'ai vu tout ça de bien près... mais eux ils sont témoins, et il ne savent pas seulement comment on se présente devant la Cour.

GRIFFON.

Rien de plus aisé cependant... Je puis leur tracer un petit plan de conduite, et leur apprendre la civilité puérile et honnête des tribunaux.

GASPARD.

C'est cela ; leur dire comment on répond aux questions d'usage de M. le Président, comment on lève la main pour jurer...

GRIFFON.

Par exemple ! vous leur montreriez cela mieux que moi, je pense... mais c'est égal.. approchez.

GASPARD.

Ah ! bien, avancez donc, et écoutez bien.

GRIFFON.

Découvrez-vous !...

GASPARD.

Otez vos chapeaux, puisque M. le Président vous l'ordonne.

GRIFFON.

Ne les troublez pas... Levez la main... non, la droite vous dis-je... bien.

GASPARD.

Alors, vous jurerez... et vous direz tout ce que nous avons vu.. vous savez... D'abord ce qu'il y a de bien certain c'est que ce n'est pas un duel qui priva de la vie mon malheureux maître... et la preuve, c'est qu'il n'y avait pas de seconds, et que nous n'avons trouvé qu'un pistolet.

GRIFFON.

Peste !... quelle chaleur !...

GASPARD.

C'est que j'ai passé par-là plus d'une fois, voyez vous ?

GRIFFON.

Mais en effet... déjà hier chez M. Renneville, il m'a semblé.. et aujourd'hui, plus je vous regarde, pas de doute, nous sommes d'anciennes connaissances.

GASPART, à part.

Diable. (*Haut.*) Vous croyez ?

GRIFFON.

Vous n'avez peut-être pas de mémoire.

GASPARD.

C'est selon... (*Aux témoins.*) Eloignez-vous, s'il vous plait, cela ne vous regarde pas.

GRIFFON.

Vous avez probablement oublié un petit compte arriéré que nous avons eu ensemble.

GASPARD.

Nous deux. (*A part.*) Décidément il ma reconnu.

GRIFPON.

Oui... oh ! presque rien... une petite rédaction et copie sur papapier timbré, d'une pétition à la suite de certaines affaires d'étoffes volées.

GASPARD.

Hum ! .. ah !... oui, j'y suis... Eh bien, voyez, j'avais pourtant oublié ça... Mais voici je crois l'heure qui s'avance... Il faut nous rendre...

GRIFFON.

Ce n'est que dix-huit livres treize sols.

GASPARD.

C'est juste... treize livres dix-huit sols.

GRIFFON.

Non, non, . . . vous faites une petite inversion; c'est dix-huit francs treize sols.

GASPARD.

Tenez voilà dix-huit francs... on ne paie pas les centimes dans le commerce. (*A part.*) Le diable t'emportes.

SCÈNE II.

LES MÊMES, RAYMOND.

RAYMOND, à part.

C'est donc ici que je vais être tiré d'incertitude ?

GRIFFON.

Monsieur a-t-il quelque cause à faire plaider, quelque mémoire à rédiger, quelque appel à interjeter ?... Vous voyez devant vous l'écrivain public le plus renommé, j'ose le dire, de tout le Palais de Justice.

RAYMLND.

Merci... je n'ai rien à faire écrire... je cherche la salle des témoins de la Cour d'Assises.

GRIFFON.

Vous y êtes, et voici les hommes qui doivent déposer dans l'affaire d'aujourd'hui.

RAYMOND, *les regardant.*

Ah! ce sont les témoins?... et c'est par cette salle que doit passer le prévenu, pour se rendre devant ses juges?

GRIFFON.

Par ici même... mais, je vous préviens que vous ne pouvez pas y rester long-temps...

RAYMOND.

Comment... je ne puis y attendre son passage?...

GRIFFON.

Non, mais puisque vous paraissez beaucoup tenir à le voir de près... suivez moi j'entre au tribunal et je vous placerai, comme on dit, aux premières loges.

RAYMOND.

Je vous remercie, je désire au contraire...

GRIFFON.

Ne pas être vu?... eh bien!... qui peut plus, peut moins, suivez-moi, vous dis-je? Ce ne sont que les curieux privilégiés qui entrent par ici... et nous aurons bien du monde aujourd'hui... La cause est intéressante .. un assassinat... des dames surtout... L'accusé est joli homme... Tenez voici déjà du monde, allons vous autres, suivez-moi, c'est le moment.

(*Griffon entre le premier suivi de Raymond et Gaspard, les témoins ensuite, plusieurs personnes traversent le Théâtre, accompagnés par un où deux avocats. Mélanie, Antoine et Adolphe restent en Scène.*)

SCÈNE III.

MÉLANIE, ADOLPHE, ANTOINE.

MÉLANIE.

C'est donc là qu'on va prononcer mon arrêt en même-temps que celui d'Albert!... Ce peuple déjà s'y porte en foule, poussé par une cruelle curiosité ! .. et moi.. qu'un intérêt si grand devrait y entraîner, je n'ose en franchir le seuil.. Une force invincible semble me repousser au loin. .. Serait-ce hélas ! . . . un avertissement du ciel ?...

ADOLPHE.

Ma mère !... est-ce ici que nous devons attendre ?

MÉLANIE.

Moi, ... oui...

ADOLPHE.

Comment... crois-tu que je consente à t'abandonner dans l'état où je te vois.

MÉLANIE.

Il le faut !

ADOLPHE.

Pourquoi, ne veux-tu point que je reste avec toi ?... tu m'as dit si souvent que le plaisir d'embrasser ton fils te fesait oublier tes malheurs... aujourd'hui que tes larmes ont coulé plus abondantes, tu m'éloignes cependant... Adolphe a donc perdu son pouvoir sur ton cœur ?...

MÉLANIE.

Non, mon fils, c'est aujourd'hui, au contraire, que ce pouvoir a été extrême. . . . . sans lui. . . . . ta mère aurait cessé de vivre. . . . .

ADOLPHE.

Quoi !... tu m'aurais laissé seul sur la terre. . tu aurais fait de ton fils, un pauvre orphelin ? .. trop jeune encore pour me conduire... où aurais-je trouvé une âme comme la tienne, pour aller au-devant de tous mes désirs ?

MÉLANIE.

Oh !.. mon Adolphe... tu m'attaches à la vie. . quoiqu'il puisse arriver, je la supporterai pour toi...

ADOLPHE.

Si c'est un sacrifice, je saurai t'en dédommager... mon amour... mon obéissance . .

MÉLANIE.

Prouve-le moi en ce moment... ma tendresse m'abusait quand j'ai voulu que tu suivisses mes pas... mais, crois moi... j'ai bien assez de ma douleur, je ne pourrais soutenir la tienne.

ADOLPHE.

Ah ! je ne le vois que trop, ce n'est pas la douleur de ton fils que tu redoutes... tu veux éloigner de tes yeux, celui qui a causé tes nouveaux chagrins.

MÉLANIE.

Que dis-tu ?

ADOLPHE.

Ma mère!.. voudrais-tu me punir de la fatalité qui m'a poursuivi... Est-ce ma faute si j'ai livré mon père?... j'ignorais que ce fût lui.

MÉLANIE.

Mon ami !

ADOLPHE.

Et pourquoi m'as-tu trompé jusqu'à ce jour? jeune encore, je conçois que tu n'aies point osé me confier le secret de ma naissance....

MÉLANIE.

Malheureuse !...

ADOLPHE.

Ne pleure pas !... ton exemple m'a appris à souffrir... à souffrir sans me plaindre... Parle... tu m'as donné du courage...

MÉLANIE.

Que me demandes-tu? ne cherche point à pénétrer ce mystère... Dans une heure peut-être il sera décidé si tu le connaîtras ou l'ignoreras toujours.

ADOLPHE.

Toujours !...

MÉLANIE.

Mais, que vois-je... M. Jules Renneville... Antoine... emmenez mon fils... !

ADOLPHE.

Tu le veux?...

MÉLANIE.

Oui, mon Adolphe... ta mère l'exige...

(*Elle l'embrasse. Il sort avec Antoine dès que Jules entre.*)

SCENE IV.

MÉLANIE, JULES.

JULES.

Vous en ces lieux, Madame; serait-ce mon imprudence qui vous y amène...?

MÉLANIE.

Que voulez-vous dire?

JULES.

Cet homme qu'on a trouvé chez vous hier, et que j'y introduisis quand il vint me demander un asile... peut-être êtes-vous appelée pour déposer?...

MELANIE.

Non, Monsieur; mais vous avez vu cet infortuné... vous le connaissez...

JULES, troublé.

Jadis... il fut mon ami...

MÉLANIE.

Votre ami !... aucun autre lien ?...

JULES.

Comment ?... ah ! si vous savez celui qui nous unit... de grâce !.. ne le dévoilez pas... par pitié pour mon père... pour mon épouse... l'honneur d'une famille entière en dépend...

MELANIE.

Le mien aussi, Monsieur !..

JULES.

Le vôtre !... je n'ose vous interroger... ô Ciel ! quand il quitta la France... me disait-il hier... il fut coupable envers une femme...

MELANIE.

Calmez votre émotion... Voyez ces soldats ? c'est lui, c'est lui sans doute qu'on amène en ces lieux.

SCÈNE V.

LES MÊMES, ALBERT, SOLDATS.

JULES.

De grâce, permettez, c'est mon...

ALBERT.

C'est mon ami... Jules, je te remercie... tu me cherches quand tout devrait t'éloigner de moi... mais songe à notre père, à sa douleur... à sa mort certaine, si jamais il connaissait !.. ah ! que le doux nom de frère soit à jamais banni entre nous... Mélanie !.. était-ce dans un pareil moment que nous devions nous retrouver !...

MELANIE.

Hélas ! pourquoi m'avez-vous abandonnée.

ALBERT.

Ah ! ce fut la cause de tous mes maux... et mon fils, sans doute il doit me maudire ?

MELANIE.

Non... il ignore la faute de sa mère... pauvre Adolphe, c'est son innocente indiscrétion qui a guidé vers toi les soldats qui te cherchaient.

ALBERT.

Oh ! mon Dieu ! combien tu me punis !..

MELANIE.

Malheureux Albert !..

ALBERT.

Oui : malheureux ! mais non pas criminel... Ma main s'est teinte, il est vrai, du sang de mon semblable ; mais ce fut une légitime défense et non un assassinat.

JULES.

C'est donc vous, Madame, vous que je devrais nommer ma sœur ?..

ALBERT.

Oui, Jules, c'est elle que mes erreurs et mon fatal amour ont si long-temps abreuvé d'amertume... mais je dois vous quitter, mes amis, on m'appelle.

SCÈNE VI.

LES MÊMES, UN HUISSIER.

L'HUISSIER, à Albert.

En attendant que la Cour soit assemblée il faut que vous me suiviez au greffe. M. Jules, si le prévenu a besoin de vous parler, vous savez que pour se rendre sur le banc des accusés il traversera encore cette salle... Vous pouvez rester.

ALBERT, bas à Jules.

Mon frère, si tu conserves encore pour moi quelqu'attachement... reporte-le sur Mélanie, sur mon fils !.. c'est le dernier, le seul vœu que formera avant de mourir le plus malheureux des hommes ; Mélanie !.. adieu !.. adieu !...

(*Il est emmené par les gardes, l'huissier sort avec eux.*)

SCENE VII.

MÉLANIE, JULES.

JULES.

Retenez vos larmes, Madame, son sort va se décider ; mais quelque soit l'issue de cette funeste affaire, comptez sur mes soins, sur mon affection... Elle ne vous eût pas été refusée, si plutôt vous eussiez daigné me confier vos malheurs.

MÉLANIE.

Le pouvais-je, Monsieur? Mon seul espoir, quand je vins m'établir près de vous, fut d'attendre le retour de votre frère, de lui demander pour mon fils un nom qu'il lui était dû, et qu'il ne portera jamais si l'innocence d'Albert ne triomphe aujourd'hui.

JULES.

Espérons encore. Mon frère n'est point coupable... l'innocence a un accent que le crime ne peut imiter.

MÉLANIE.

Mais l'accusation qui pèse sur lui est si forte.

JULES.

Nous tenterons tout pour le sauver !..

MÉLANIE.

Hélas !.. que ne puis-je aller pour lui auprès de ses juges... les rendre témoins de mes larmes, de celles de mon enfant !.. Mais à quel titre me présenter ?.. Aucun lien ne m'attache à Albert, si ce n'est mon malheur... Vous, M. Jules, par vos démarches, par votre père, peut-être...

JULES.

Mon père !.. gardons-nous d'y penser... qu'il ignore à jamais que son fils, caché sous un autre nom, paraît aujourd'hui sur le banc des accusés. Dieu veuille que son devoir ne l'appelle pas en ces lieux !.. Depuis hier soir il est de retour à Paris... Je me suis arraché d'auprès de mon épouse... Hélas ! ils sont tous les deux bien loin de s'attendre au malheur qui nous menace... Mais quel est ce bruit ?.. on descend de la salle d'audience, la cause serait-elle remise ?

SCÈNE VIII.

LES MÊMES, GASPARD.

JULES.

Ah ! Gaspard, qu'est-il arrivé ?..

GASPARD.

Il ne manquait plus que cela pour arranger son affaire.

MÉLANIE.

Expliquez-vous...

GASPARD.

Voilà l'accusé sans avocat... Comme il s'était échappé, son

défenseur ne se doutait pas que le jugement aurait lieu aujourd'hui.

JULES.

Eh bien !

GASPARD.

Eh bien ! on l'a envoyé chercher : il est mort.

JULES.

Ciel !

MÉLANIE.

Tout semble conspirer contre lui.

SCÈNE IX.

LES MÊMES, GRIFFON.

GRIFFON.

Ah ! M. Jules... je suis bien aise de vous rencontrer.. Vous savez ce qui vient d'arriver? Voilà ce que c'est que les mœurs du siècle : un huissier va au bal, un avocat danse.

JULES.

Quel rapport?

GRIFFON.

Comment, quel rapport?.. Si le bal de M. le préfet n'eût pas eu lieu, l'avocat qui devait plaider n'eût pas dansé plusieurs contredanses ; s'il n'eût pas dansé, les glaces et autres rafraîchissemens qu'il a pris d'une manière immodérée ne lui auraient pas donné une fluxion de poitrine.. Mais à côté du mal il y a toujours un peu de bien, et nous allons avoir du plaisir, nous qui aimons l'éloquence.

JULES.

Aurait-on fait un autre choix?

GRIFFON.

Sur-le-champ, on a pourvu à cet événement ; et M. le président vient de désigner d'office le meilleur avocat de Paris, l'honneur du barreau français... M. Renneville.

JULES.

Mon père !

GRIFFON.

Votre père lui-même...

MÉLANIE, à part.

O dieu !

GASPARD, à part.

M. Renneville ! ah, diable !..

GRIFFON.

Un huissier de la chambre est allé le chercher, et on doit lui amener le prévenu dans cette salle pour qu'ils y aient un moment d'entretien.

JULES.

Mon malheureux père ! si quinze ans d'absence ne lui font pas méconnaître son fils; si ses yeux, plus clairvoyans que les miens, lorsque hier mon frère s'est présenté à moi... ah ! je crains tout de son désespoir !

GRIFFON.

Eh ! je crois que voici déjà l'accusé... Allons, vous l'espoir du du jeune barreau, vous qui faites déjà dire à ceux qui vous entendent, *talis pater*, *talis filius*, venez, la séance va s'ouvrir.

(*Il entre dans la salle d'audience.*)

JULES, à Mélanie.

Eloignons-nous, Madame; c'est ici sans doute que mon père va lui parler... Attendons le résultat de cet entretien..

GASPARD, à part.

M. Renneville ! s'il allait le faire acquitter.

(*Gaspard suit Griffon, Jules et Mélanie s'éloignent d'un autre côté.*)

SCÈNE X.

ALBERT, un HUISSIER, Gardes.

L'HUISSIER.

Les formalités exigées sont remplies... Vous venez de reconnaître toutes les pièces de la procédure... veuillez attendre dans cette salle l'avocat qui vient d'être chargé de vous défendre.

ALBERT.

Puisse-t-il acquérir une conviction bien nécessaire ! puisse-t-il être assez heureux pour détruire les funestes préventions qui s'élèvent contre moi...

L'HUISSIER.

Le voici. .

ALBERT.

Dieu, que vois-je ? mon père !

SCÈNE XI.

LES MÊMES, RENNEVILLE, L'HUISSIER.

(*L'huissier désigne Albert à Renneville, qui lui fait signe de s'éloigner. Albert, appuyé sur la table, a la figure cachée dans ses mains.*)

RENNEVILLE.

C'est moi, Monsieur, que le tribunal vient de charger du soin de vous défendre.

ALBERT.

Je le sais, Monsieur...

RENNEVILLE.

Puissent les faibles talens que le ciel m'a départis, réussir à vous faire absoudre!

ALBERT.

Hélas! j'en désespère...

RENNEVILLE.

Vous paraissez bien agité!... calmez-vous, de grâce... On m'a communiqué les pièces de votre procès, je viens de prendre connaissance de vos déclarations, de votre protestation d'innocence... n'avez-vous omis aucune circonstance qui ait pu induire en erreur les témoins, et faire peser sur votre tête la plus grave des accusations; songez que plus je serai convaincu, et plus j'aurai de ressources pour repousser les attaques qu'on vous prépare... la conviction d'un avocat produit seule la véritable éloquence...

ALBERT.

Je vous remercie, Monsieur, de vos soins consolateurs; mais il est des hommes dévoués au malheur dès leur naissance, et pour lesquels la mort est un refuge.

RENNEVILLE.

Non pas une mort infâmante... songez-y bien; dans quelques instans votre sentence sera prononcée...

ALBERT.

Je suis innocent... mais rien ne peut le prouver.

RENNEVILLE.

Ne peut-on combattre les probabilités accumulées contre vous, par des souvenirs d'honneur et de vertu; ne peut-on tirer de votre existence passée, quelques garanties pour le présent. Le crime eut toujours son apprentissage; et si votre conduite fut exempte jusqu'ici d'erreurs coupables, quelques concluentes que soient les dépositions, j'espère en triompher... Parlez, en quel lieu avez-vous vu le jour?

ALBERT.

A Reims.

RENNEVILLE.

Votre famille?

ALBERT.

Est connu dans le commerce de cette ville..

RENNEVILLE.

Vous vous nommez Raymond, et Reims vous a vu naître?

ALBERT.

Oui, Monsieur...

RENNEVILLE.

Quels rapports!... vous fûtes le compagnon de mon fils?

ALBERT.

Monsieur!...

RENNEVILLE.

C'est vous dont l'amitié funeste l'entraîna à sa perte.

ALBERT, à part.

Que je souffre!...

RENNEVILLE.

Voilà donc pourquoi vous évitez mes regards... oui... oui... je m'en souviens... ce furent vos conseils, votre exemple qui l'arrachèrent de mes bras, qui lui firent abandonner le toit paternel; livré à la dissipation, plongé dans le vice avant lui, vous n'avez pas rougi d'y précipiter sa jeunesse... malheureux!... vous recevez aujourd'hui le prix de vos erreurs.. le ciel se lasse enfin... il éclate en ce moment... vous avez comblé la mesure... et j'ai été choisi pour le défendre!... ah! ne l'espérez pas... un père irrité va lui-même dévoiler le tableau de votre jeunesse déshonorée, vous qui êtes appelés à le juger; dirai-je au tribunal, et vous aussi vous êtes pères. Eh bien! si vous ne voulez pleurer un jour sur vos enfans, point de pitié pour le corrupteur!... mais qu'ai-je dit? qui moi, j'irais diriger le glaive des lois sur votre tête, lorsque je suis chargé de l'en écarter... un avocat se transformer en accusateur; jamais! honte éternelle sur ma mémoire, si je trahis mon mandat!...

ALBERT, à part.

O mon père!... et je ne puis tomber à tes pieds!..

RENNEVILLE.

Ne craignez rien, votre sort m'est confié... je ne vois plus en vous qu'un homme qu'il faut défendre!.. mais un mot encore... Depuis quinze ans, mon fils a quitté la France... c'est avec vous qu'il traversa les mers..

ALBERT.

Raymond fut le compagnon d'Albert!...

RENNEVILLE.

A-t-il ainsi que vous, revu sa patrie.

ALBERT.

Je suis revenu seul.

RENNEVILLE.

Des erreurs au crime, l'espace est encore assez vaste; l'a-t-il jamais franchi.

ALBERT.

Oh! jamais!...

RENNEVILLE.

J'ai besoin de vous croire... mais combien votre exemple me fait douter de vos paroles... si mon fils se trouvait dans la même position... ah! puisse le ciel lancer sur sa tête les traits de sa vengeance, et prévenir celle des hommes!...

ALBERT, à part.

Ah! dieu!

RENNEVILLE.

Vous pleurez, et moi aussi, je ne puis me rendre compte du trouble que je ressens auprès de vous, c'est un intérêt puissant... une terreur insurmontable... pardonnez à la douleur d'un père, et si le vôtre existe encore, pleurez, pleurez sur lui!... il est mille fois plus à plaindre que vous!...

ALBERT, à part.

Je ne puis plus me soutenir!...

RENNEVILLE.

Allons, du courage, si vous n'êtes point coupable aujourd'hui, prenez en expiation des torts de votre jeunesse, le châtiment que peut-être il vous faudra subir...

ALBERT, à part.

Ma tête s'égare!... ô mon dieu!... par pitié!... achève... ôte-moi le reste de ma raison!...

L'HUISSIER, paraissant.

L'accusé est attendu à l'audience. (*à M. Renneville*) Monsieur, veuillez l'accompagner?...

(*Renneville, Albert, l'huissier et les gardes sortent, Jules et Mélanie rentrent, en les suivant des yeux.*)

SCENE XII.

JULES, MÉLANIE.

MÉLANIE.

Eh! bien! Monsieur,... que soupçonnez-vous?...

JULES.

Mon père ne l'a point reconnu... son calme me l'assure... et peut-être à présent nous est-il permis d'espérer...

MÉLANIE.

Que dites-vous ?.

JULES.

Oui, Madame, comptons sur l'innocence d'Albert, et sur le talent de son défenseur.

MÉLANIE.

Ah ! quel doux espoir vous faites entrer dans mon âme... puissé-je n'être point désabusée !...

JULES.

Mais les angoisses de l'incertitude sont insupportables... J'entre au tribunal... je préfère la vérité, quelque cruelle qu'elle puisse être.

(*Il entre.*)

SCÈNE XIII.

MÉLANIE, seule.

Et moi, je n'ose l'accompagner... mes larmes, mes sanglots me trahiraient... O mon Adolphe ! je t'ai promis de vivre... fasse le ciel qu'Albert triomphe en ce jour, où ce sacrifice serait au-dessus de mes forces !...

SCENE XIV.

MÉLANIE, RAYMOND.

RAYMOND.

Ce n'est pas lui !... ce n'est pas mon fils !...

MÉLANIE.

Ciel !... mon oncle !...

RAYMOND.

Mélanie !... nous croyons hier qu'Eugène était sur le banc des accusés.

MELANIE.

Eh bien !..

RAYMOND.

C'est une affreuse fourberie dont nous sommes victimes... cet homme que je viens de voir n'est pas mon fils... il a pris son nom pour le déshonorer.

MÉLANIE, à part.

Ah ! que de malheurs je prévois encore.

RAYMOND.

J'ai sur moi la lettre de ce jeune Albert Renneville, qui l'accompagna dans sa fuite.., sa maladie, sa mort, tout y est bien exposé... Je vais confondre le faussaire, et demander justice de cette perfidie...

MELANIE.

Qu'allez-vous faire?...

RAYMOND.

M'adresser à ses juges.

MÉLANIE.

Votre démarche précipitera sa perte.

RAYMOND.

Dois-je attendre que mon nom soit flétri par une sentence ignominieuse... non, c'est aujourd'hui, c'est à l'instant même, que le nom de Raymond doit être réhabilité...

MÉLANIE.

Arrêtez, arrêtez!...

RAYMOND.

Quoi?...

MÉLANIE.

Ayez pitié du père de mon enfant!..

RAYMOND.

Que dis-tu... cet homme?.

MELANIE.

Ecoutez... et puissé-je par l'humiliant aveu de ma faute obtenir la grâce que je vous demande. Je vous avais dit que mon époux avait cessé de vivre.

RAYMOND.

Eh bien!..

MELANIE.

Je vous ai trompé... mais je le fus moi-même et plus cruellement encore... Jeune, et ne connaissant ni les usages du monde ni les lois qui régissent mon pays, il fut très-facile à un séducteur de m'abuser par un faux mariage... Oui, long-temps je me crus épouse légitime... mais enfin mes yeux s'ouvrirent, et j'appris que le titre de mere était une flétrissure pour moi.

RAYMOND.

Malheureuse!..

MELANIE.

Eh bien!.. celui qui trahit mon amour... le père d'Adolphe, est celui-là même dont vous voulez hâter l'arrêt de mort.

RAYMOND.

Grand Dieu!..

MÉLANIE.

Ah! ne rejettez pas ma prière... attendez... que pouvez vous craindre ? s'il est déclaré coupable, sans doute vous devez laver votre nom de la tache qu'il recevra ; mais il peut sortir triomphant de cette accusation... alors votre honneur un instant compromis est réhabilité aux yeux des hommes; songez-y, mon oncle, votre déclaration pourrait en ce moment faire pencher la balance contre lui, en ajoutant une faute de plus à celles qu'on lui reproche...

RAYMOND.

Mélanie en excusant ta faiblesse, en cédant à tes vœux, je te donne une grande preuve de l'attachement que j'ai voué à toi et à ton fils.

MELANIE

Vous me promettez donc?

RAYMOND.

Je te promets d'attendre ?... mais s'il est déclaré coupable, à l'instant je demande réparation... justice... Rien ne pourra me retenir...

MELANIE.

Mon oncle !...

RAYMOND.

La perte de ma fortune, acquise au prix de mes sueurs, ne serait rien pour moi; mais un nom honorable est l'héritage de mon père, et je dois le conserver aussi pur qu'il me l'a transmis... Je ne peux rester plus long-temps en ces lieux... Je rentre au tribunal... je tremble... comme si mon fils lui-même attendait son arrêt.

MÉLANIE.

Ah! ne le quittons pas et tâchons de prévenir sa funeste résolution...

(*Raymond entre vivement, elle le suit; quelques instans avant, Gaspard était sorti du tribunal d'un air sombre et agité.*)

SCÈNE XV.

GASPARD, seul.

Le jury vient de se retirer, on décide sur son sort... Je ne puis plus y tenir... La sueur coule de mon front... Chaque parole de M. de Renneville était pour moi un coup de poignard... comme il a parlé !.. et comme il regardait l'accusé !.. je l'ai vu un instant se troubler et pâlir... ah ! j'étais moi-même !... comme j'ai tremblé lorsque, pour appuyer la défense de l'accusé, il s'est servi des confidences que je lui fis hier... Vingt fois mon secret est venu là, prêt à s'échapper. J'ai dû fuir.. — Ce ne peut être que l'intérêt ou la vengeance qui dirigent ceux qui l'accusent, disait M. Renneville... Eh bien ! oui... il ne se trompait pas... c'est la vengeance pour l'indigne traitement que j'en ai reçu... C'est l'or... c'est ma haine pour celui qui m'en a fait perdre... c'est l'espérance d'en obtenir de ceux qui voudront le sauver !.. On sort... tout est fini.

SCÈNE XVI.

GASPARD, JULES et MÉLANIE *sortant du tribunal ;* ADOLPHE et ANTOINE, *arrivant par le fond ;* M. RENNEVILLE, peu après, *sortant aussi du tribunal.*

ADOLPHE.

O ! ma mère, tes pleurs innondent ton visage...

MÉLANIE.

Ton père est condamné !..

JULES.

Coutraignez-vous, Madame !..

GASPARD.

Il est condamné ! ah ! sortons... Je ne pourrai le regarder sans frémir !..

(*Il sort.*)

RENNEVILLE.

Jules ! et vous aussi, Mélanie ! vous venez d'éclaircir le doute affreux qui me tourmentait... En vain ce malheureux détournait ses regards ; vos larmes, vos sanglots lorsqu'on a prononcé son arrêt de mort, ont porté la conviction dans mon cœur !.. C'est Albert !... c'est mon fils que je viens de défendre.

JULES.

O ! mon père !

MÉLANIE.

M. Renneville.... ah ! par pitié, ne le maudissez pas ! ....

ADOLPHE.

Le voici...

SCÈNE XVII.

LES MÊMES, ALBERT, GARDES.

ALBERT, à part.

Ils m'attendent... et mon père aussi !..

RENNEVILLE.

Approche, infortuné !..

ALBERT.

Monsieur... je vous remercie des efforts que vous avez faits...

RENNEVILLE.

Levez, levez les yeux sur moi !..

ALBERT.

Ah ! ma reconnaissance !..

RENNEVILLE.

N'éprouvez-vous que ce sentiment pour celui qui vient de vous défendre ?..

ALBERT.

Quoi !.. Monsieur...

RENNEVILLE.

Ton père !.. ton malheureux père t'ouvre ses bras.

ALBERT.

Moi, dans vos bras !.. ah ! ce serait trop de bonheur... à vos pieds, à vos pieds, et que la mort vienne m'y frapper !...

RENNEVILLE.

Non : lève-toi, tu ne liras point de courroux dans mes yeux si tu es innocent.

ALBERT.

Innocent !.. oh ! je le suis... j'en atteste le Ciel !.. si le crime avait souillé mes mains, oseraient-elles toucher vos cheveux blancs !.. ces larmes se mêleraient-elles aux vôtres ?.. mais, qu'ai-je fait... on nous observe... étouffons ces sentimens et de père et de fils... songez que votre nom ne doit point être déshonoré...

SCENE XVIII.

LES MÊMES, RAYMOND.

ALBERT, *continuant.*

C'est sous le nom d'Eugène Raymond que j'ai été condamné .. je le garderai jusqu'à la mort... oui, pour tous, je suis Eugène Raymond.

RAYMOND *s'avance et lui présente une letttre..*

(*A mi-voix.*) L'affirmeriez-vous, Monsieur ?...

ALBERT.

Dieu !.. ma lettre !.. c'est le père d'Eugène !...

RENNEVILLE.

Que lui veut cet homme ?..

JULES.

Je l'ignore...

MÉLANIE.

Mon oncle, qu'avez-vous fait ?..

RAYMOND.

Rien encore... (*bas à Albert.*) Je vous reverrai.

ALBERT.

Mon père, tout est perdu !...

TABLEAU.

FIN DU DEUXIÈME ACTE.

ACTE III.

Le Théâtre représente l'intérieur d'une prison. A droite une porte communiquant à une autre pièce. — A gauche la porte d'entrée. Du même côté, deux chaises et une table sur un coin de laquelle est un écritoire et un livre. Au lever du rideau, Balthazar et Gaspard sont assis à cette table et boivent dans des goblets de fer blanc.

SCÈNE PREMIÈRE.

BALTHAZAR, GASPARD.

BALTHAZAR.

Encore un coup, Gaspard : je me réjouis que cette affaire m'ait fourni l'occasion de trinquer avec vous...

GASPARD.

Et vous dites que personne n'est venu voir le prisonnier ce matin?..?

BALTHAZAR.

Non : il est là bien tranquille ; il écrit, je crois. .

GASPARD.

Il faut pourtant que je parle à son père... et depuis hier je ne puis le joindre... Il viendra sans doute, et c'est pour cela qu'en qualité d'ancienne connaissance, je suis venu vous demander la permission d'entrer, et que je vous ai offert un verre de vin...

BALTHAZAR.

Et du bon, Gaspard... cette liqueur-là vaut mieux que le produit des vendanges de Normandie...

GASPARD.

Oui ; mais elle est plus chère.

BALTHAZAR.

Regretteriez-vous ce qu'elle vous coûte ?..

GASPARD.

Je ne dis pas ça, père Balthazar... Vous obligez un ami, il est trop juste qu'on y soit sensible, et voilà... Le vin est l'ami de l'homme, dit-on, et surtout des géoliers.

(*On frappe.*)

Ah ! ah ! une visite.

BALTHAZAR.

Eh ! c'est M. Griffon.

SCÈNE II.

LES MÊMES, GRIFFON.

GRIFFON.

Eh ! que faites-vous donc, M. Balthazar ; on vous demande et vous vous amusez ?..

BALTHAZAR.

A boire... oui, M. Griffon ; est-ce que vos griffonages vous donnent le droit de m'inspecter ?.

GRIFFON.

Du tout, du tout, j'ai bien assez de mes affaires particulières sans m'occuper de celles des autres... Je venais seulement savoir si votre nouveau pensionnaire n'aurait pas besoin de ma plume...

BALTHAZAR.

Il écrit bien lui-même.. mais qu'est-ce qui me demande?..

GRIFFON.

Quelqu'un qui voudrait parler au jeune homme...

GASPARD.

Son père, peut-être?..

GRIFFON.

Non, c'est le fils de M. Renneville, son défenseur.

BALTHAZARD.

C'est bien... Je vais le faire venir... mais achevons notre bouteille... je ne vous en offre pas, M. Griffon; ce liquide-là n'est pas le favori d'un écrivain... cependant il fait souvent moins de mal que celui que vous employez... Allons.

(*Il se lève ainsi que Gaspard.*)

GASPARD.

Si M. Raymond père venait, vous me promettez de le prier de m'attendre...

BALTHAZAR.

Oui, faites entrer, M. Griffon. (*Il va à la prison d'Albert.*) Venez, on vous appelle... Ai-je la clef de la porte du fond; oui. (*A Griffon et à Gaspard.*) Par ici, vous autres, le chemin est plus court...

(*Ils sortent.*)

SCENE III.

ALBERT, JULES.

ALBERT.

Jules, je t'attendais...

JULES

Tu devais bien penser que ton frère ne serait pas le dernier à venir t'exhorter au courage.

ALBERT.

Je n'en manque pas, et je vais te le prouver; mais toi aussi, tu en as besoin, et plus que tu ne crois peut-être?..

JULES.

Comment?

ALBERT.

Toute l'horreur de ma situation ne t'est pas connue; hier,

quand j'eus entendu l'arrêt qui me condamne, tu te souviens qu'un homme m'aborda une lettre à la main...

JULES.

Eh bien !... cet homme ?

ALBERT.

Est l'oncle de Mélanie, le père d'Eugène, et la lettre qu'il me présentait est celle où je lui annonçai la mort de celui dont je porte le nom.

JULES.

Ciel !

ALBERT.

Cela t'explique l'affreuse position dans laquelle je me suis trouvé à vos yeux, à ceux de mon malheureux père.

JULES.

Rencontre accablante... et que prétends-tu faire ?..

ALBERT.

Je ne dois point hésiter, Jules ; l'alternative est horrible...sans doute l'honneur de mon nom m'est plus cher, bien plus cher que ma misérable existence ; mais dans ce moment suprême dois je charger ma conscience d'un nouveau crime, et couvrir une famille respectable et innocente de l'opprobre qu'aux yeux des hommes j'ai seul mérité ?

JULES.

Tu as raison, mon frère.

ALBERT.

Oui.. il faut que je te déshonore, que je fasse partager à tout ce qui m'est cher l'ignominie qui m'entoure ; que je perde l'espoir de rendre au bonheur cette infortunée Mélanie et mon enfant... Tout est prêt... je viens de dresser le terrible écrit où je me reconnais Albert Renneville ; tu dois le signer Jules... mon père lui-même...

JULES.

Mon père !...

ALBERT.

C'est le comble de mes tourmens... mais auparavant... j'ai une grâce à implorer de toi... un service bien douloureux, et cependant je ne doute pas que mon frère ne s'empresse de me l'accorder.

JULES.

Parle, mon ami !

ALBERT.

D'abord jure-moi par mon père, par ta jeune épouse, par tout ce que les hommes ont de plus sacré, d'accueillir ma demande ?...

JULES.

A quoi bon ces sermens ?...

ALBERT.

Il le faut, et je t'en supplie.

JULES.

Tu m'épouvantes !...

ALBERT.

Ton refus me réduirait au désespoir !..

JULES.

Sois satisfait, je le jure !...

ALBERT.

Maintenant, écoute-moi... tu connais tous mes malheurs... je suis innocent, Jules; tu dois en être sûr... cependant je suis condamné...

JULES.

Mais, tu peux en appeler...

ALBERT.

Eh ! que me feraient quelques jours de plus d'une existence déshonorée ?... non.. tout est fini !... la mort ne m'effraie pas, mais qu'elle est hideuse, celle qui m'attend !... il est un moyen d'en adoucir, et pour vous et pour moi l'horreur et l'infamie... ton frère, le fils d'un magistrat distingué, Albert Renneville traversera-t-il ignominieusement des flots de peuple, avide d'un tel sepectacle, pour aller porter sa tête sur l'échafaud ?...

JULES.

Que veux-tu dire ?

ALBERT.

Aujourd'hui même, aujourd'hui... il faut, et tu le peux, me procurer un de ces breuvages dont l'effet prompt et sûr me délivrera...

JULES, avec horreur.

Ah ! mon frère !...

ALBERT.

Jules, ne me refuses pas...

JULES.

Tu n'es pas coupable, et tu veux le devenir ?... oublies-tu que nos jours ne nous appartiennent point... que le ciel ou les organes des lois ont seul le droit de les abréger... c'est un crime d'en disposer soi-même, Albert... et je t'en fournirais les moyens... ah ! jamais !... jamais !...

ALBERT.

Songes-y !... c'est pour toi-même... c'est pour toute notre famille que je t'en conjure ; le souvenir de ma condamnation se perdra peut-être... un jour il est possible que mon innocence soit reconnue... mais le spectacle de mon supplice comptera dans la mémoire du peuple, et l'image de ma tête tombée sur l'échafaud, sera toujours présente aux yeux de l'univers!... Jules, c'est à tes genoux...

JULES.

Que me demandes-tu?... moi, moi te donner la mort... non... non...

ALBERT.

Tu l'as juré!...

JULES.

Horrible serment!...

ALBERT.

Il n'en est pas moins sacré, tu dois le remplir...

JULES.

Dégage-moi, mon frère... mon ami...

ALBERT.

Je ne le puis... je t'ai annoncé que ma demande te coûterait beaucoup... tu m'a promis...

JULES.

Oui, j'ai promis... eh bien, je tiendrai ma parole... bientôt tu me reverras...

ALBERT.

Je compte sur ton silence.

JULES.

Oui. (*à part, en s'en allant.*) O mon dieu!...

SCÈNE IV.

ALBERT, *seul.*

Pauvre Jules!.. j'ai déchiré son coeur... ah! le mien est brisé aussi... Mélanie, mon père,... que ne puis-je me dispenser de vous voir avant l'heure terrible où tout finira pour moi.

SCÈNE V.

ALBERT, MÉLANIE, ADOLPHE, puis RAYMOND.

MÉLANIE, à Adolphe.

Cours dans les bras de ton père...

ALBERT.

Cher enfant.

ADOLPHE.

O mon père, grâce pour votre Adolphe, c'est lui qui vous a livré !...

ALBERT.

Ne dois-je pas t'excuser.... tu tremblais pour ta mère, et tu me croyais un meurtrier... hélas !... j'ai beaucoup de reproches à m'adresser, et je suis plus coupable envers toi, envers celle qui te donna le jour...

MÉLANIE.

Albert, j'avais oublié tes torts... j'étais sûre que tu reviendrais...

ALBERT.

Tu avais raison, Mélanie, je venais pour tout réparer, mais le ciel n'a pas permis...

MELANIE.

Je connais tes malheurs, ton frère m'a tout appris...

ALBERT.

Je suis innocent... le crois-tu bien, Mélanie ?...

MÉLANIE.

Mon cœur me l'assure.

RAYMOND, entrant, conduit par Balthazar.

Je ne sais ce que peut me vouloir cet homme... n'importe, je l'attendrai...

ALBERT.

Monsieur Raymond, dans cette affaire, je ne suis criminel qu'envers vous .. Quand je pris le nom de votre malheureux fils, vous en êtes instruit peut-être, j'ignorais à quelle infortune le ciel me réservait... ma faute est d'avoir gardé ce nom trop longtemps... d'avoir voulu qu'on le flétrît au lieu du mien : mais bientôt la vérité sera connue, et c'est Albert Renneville qui subira son arrêt...

RAYMOND.

Je n'atttendais pas moins de vous... et déjà cette faute était excusée à mes yeux ; mais il en est une autre maintenant irréparable... ma nièce...

ALBERT.

Que me reprochez-vous ?... Mélanie, combien tu dois me haïr !...

ADOLPHE.

Que dis-tu, ma mère te haïr... ah ! ne le crois pas, sans cesse elle dirigeait mes pensées vers toi ; elle interrompait sa douleur, elle cachait ses larmes, pour m'apprendre à t'aimer, à te respecter comme le meilleur des pères.

MÉLANIE.

Oui, cher Albert, ne te laisse point abattre... si tu chéris encore Mélanie, rien n'est irréparable... elle sera ton épouse.

ALBERT.

Que dis-tu?... toi porter un nom flétri par une sentence de mort?...

MELANIE.

Elle est injuste... je m'honore au contraire de ce nom qu'on veut avilir... oui, j'abandonnerai ma solitude, je quitterai le nom qui jusqu'ici a caché ma honte, pour porter celui que ton hymen va me donner.

ALBERT.

Infortunée! quel délire t'égare... tu oublies que dans quelques jours, demain peut-être, celui que tu veux nommer ton époux... le père de ton fils ne sera plus...

MÉLANIE.

Ah! mon oncle, vous m'aviez donné l'espoir...

ALBERT.

Il n'en est plus... mes torts envers toi sont sans remède, et cette pensée seule doit rendre affreux mes derniers momens; pardonne-moi, Mélanie... mon père est bon, il ne te repoussera pas... quand il connaîtra les liens qui nous unissent, il adoptera mon fils, il respectera et chérira sa mère.

MÉLANIE.

Il sait tout, et sa bonté déjà...

ALBERT.

Que vois-je!... c'est lui... quel moment?

SCENE VI.

LES MÊMES, RENNEVILLE.

RENNEVILLE, à Raymond.

Je me félicite de vous rencontrer ici, Monsieur; mon fils, qui ne peut plus me méconnaître, ne balancera pas à vous donner satisfaction.

ALBERT.

Mon père!... ah! je puis à présent vous donner ce nom si doux, puisqu'il ne vous offense pas dans ma bouche...

RENNEVILLE.

Vas... ton malheur excuse tes premiers torts, et je ne rougis pas de te nommer mon fils.

ALBERT.

A présent, j'aurai le courage de vous présenter ce funeste écrit... lisez...

RENNEVILLE, lisant.

« Je soussigné reconnais et déclare que le nom d'Eugène Ray-

» mond, sous lequel j'ai été condamné à mort, pour crime d'as-
» sassinat, n'est pas le mien, et que je me nomme Albert Renne-
» ville. »

Mon fils, assassin... et c'est à moi de certifier cet aveu.

(Il va à la table, et prend une plume.)

RAYMOND.

Quoi! Monsieur, vous daignez attester?...

RENNEVILLE, signant.

Mon fils a fait son devoir... je remplis le mien... (*il lui remet le papier.*) Etes-vous satisfait, Monsieur?

RAYMOND.

Je n'ai plus rien à demander... Pourquoi faut-il qu'un inflexible honneur m'ait forcé d'exiger de vous cette formalité.

RENNEVILLE.

Quant à vous, pauvre Mélanie... je viens d'apprendre tous vos chagrins.. le retour d'Albert allait vous dédommager de quinze ans de douleurs.., une erreur fatale de la justice vient de tout détruire; maintenant je ne puis plus rien... la honte d'Albert qui va rejaillir sur moi, ne doit atteindre, ni vous, ni votre enfant.... mais si vous n'éprouvez aucun éloignement pour le père de celui qui causa tous vos malheurs, nous ne nous quitterons plus.

MÉLANIE.

Ah! Monsieur!...

ALBERT.

Et je dois m'en séparer pour toujours!...

RENNEVILLE.

Tu le vois, mon fils, il n'est plus en ton pouvoir de réparer le mal que tu leur as fait; je le diminuerai autant qu'il est en ma puissance... que cette idée consolante t'accompagne dans tes derniers momens... qu'elle te donne le courage de monter sur l'échafaud, le calme et la résignation de l'innocence. Albert, pardonne aux hommes qui ont été les organes de la loi, c'est elle seule qui a dicté ton arrêt de mort.

SCÈNE VII.

LES MÊMES, BALTHAZAR.

BALTHAZAR.

Le greffier de la Cour vous demande, il est là, dans votre cachot.

ALBERT.

Que me veut-il?...

BALTHAZAR.

Il vient vous présenter la copie de l'acte par lequel vous avez renoncé à en appeler de votre jugement.

ALBERT.

Adieu donc, vous tous qui m'êtes si chers; pensez à moi, plaignez mon sort, adieu... Mon père, je vous les confie.

(*Il s'arrache de leurs bras et s'élance dans le cachot.*)

SCÈNE VIII.

LES MÊMES, excepté ALBERT.

MÉLANIE.

Je vous remercie, Monsieur, de la protection que vous accordez à notre Adolphe;... elle lui sera bien nécessaire.

RAYMOND.

Mélanie... mon devoir est rempli maintenant : j'ai fait ce que j'ai dû pour mon honneur... Mais je n'ai plus de fils, et dès ce jour j'adopte le tien.

RENNEVILLE.

Hélas! j'avais entrevu un rayon d'espérance. C'est Eugène Raymond qui a été condamné, mon fils, en reprenant le nom de Renneville, avait le droit d'exiger une nouvelle procédure;.. Il vient d'y renoncer.

MÉLANIE.

Ne pourrions-nous au moins recourir à la clémence du souverain ?

ADOLPHE.

Oui, oui, ma mère... nous irons embrasser ses genoux, les baigner de nos pleurs !..

MÉLANIE.

Eh! pourra-t-il être insensible, quand je lui dirai que cet arrêt doit vouer à l'infamie le nom le plus honoré, le plus respectable;.. que les lois, trompées par les apparences, ont dû condamner peut-être, mais qu'il est un pouvoir suprême dont aujourd'hui la clémence ne sera que justice?

RENNEVILLE.

Hélas!.. devons-nous nous flatter?..

MÉLANIE.

Oh! ne détruisez pas, n'affaiblissez pas cette consolante espérance.

RENNEVILLE.

Non, sans doute; mais venez, venez, ne retardons pas d'un instant cette dernière épreuve.

(*Renneville, Mélanie et Adolphe sortent.*)

SCÈNE IX.

RAYMOND, BALTHAZAR.

BALTHAZAR, *arrêtant Raymond.*

Un instant... je vais vous amener cet homme qui depuis long-temps demande à vous parler... (*appelant.*) Gaspard !

RAYMOND.

Eh ! ce n'est pas le moment...

BALTHAZAR.

L'affaire, à ce qu'il dit, vous touche de près.

RAYMOND, *à part.*

S'agirait-il encore de ce malheureux...

(*Balthazar sort.*)

SCÈNE X.

RAYMOND, GASPARD.

GASPARD.

On vous trouve donc enfin !..

RAYMOND.

Vous avez à me parler ?..

GASPARD.

Oui... vous êtes bien M. Raymond ?

RAYMOND.

Sans doute. Quel motif...

GASPARD.

Vous allez le savoir... Mais, avant de m'expliquer, il faut que je puisse compter sur vous, et j'exige la plus grande discrétion..

RAYMOND.

Jamais je n'ai trahi les secrets qui me furent confiés.

GASPARD.

C'est déjà quelque chose... il en sera de même, j'espère, de celui-ci... D'abord, me reconnaissez-vous ?..

RAYMOND.

Je ne me souviens pas...

GASPARD.

Eh bien ! c'est moi que vous avez accusé, il y a quelques années, de vous avoir volé des étoffes... J'ai été acquitté; je ne devrais pas moins vous en vouloir. Cependant... je viens vous rendre service, un grand service...

RAYMOND.

Vous !..

GASPARD.

Mais à condition que vous m'en rendrez un à votre tour.

RAYMOND.

S'il est en mon pouvoir...

GASPARD.

Oh ! pour ce qui est d' ça... Vous êtes riche, vous, Monsieur ?..

RAYMOND.

Où voulez-vous en venir ?

GASPARD.

Je ne le suis pas, moi... Vous tenez beaucoup, je pense, à sauver... le jeune homme.

RAYMOND.

Ah ! n'en doutez pas.

GASPARD.

Eh bien ! sa vie est dans vos mains.

RAYMOND.

Comment !.. que vous faut-il ?.. dites, parlez.

GASPARD.

Un instant... J'étais le domestique de celui qui a été tué;.. je lui avais prêté trois bons mille francs, sa mort me les a fait perdre sans retour. Je n'ai plus le sou... Mais si on me donnait l'assurance que mon pauvre argent me rentrera... si vous, Monsieur, me garantissiez... Vous êtes le père... on vous connaît... et votre signature...

RAYMOND.

Mais quel moyen ?..

GASPARD.

Vous vous engagez donc ?..

RAYMOND.

Je fais mieux, j'ai sur moi cette somme en or.

(*Il tire sa bourse.*)

GASPARD.

En or !

RAYMOND.

Parlez...

GASBARD.

J'ai trouvé, dans quelques papiers qui m'étaient restés de feu mon maître, une lettre datée de la veille du jour où il périt...

RAYMOND.

Et cette lettre?..

GASPARD.

Ecrite et signée de sa main, appelle en duel celui qui est accusé d'être son assassin.

RAYMOND.

Grand dieu !..

GASPARD.

La voilà !.. elle est bien de lui... On pourra confronter son écriture, sa signature, avec tous ses autres papiers qui figurent dans le procès.

RAYMOND.

Donnez !... ah!... je suis trop heureux !... tenez, prenez vous dis-je, et donnez-moi cette lettre?

GASPARD.

Troc pour troc c'est fait...

RAYMOND.

Et votre déclaration appuyera cette preuve...

GASPARD.

Oui... oui... tout ce que vous voudrez... mon argent en or... ah ! j'en perdrai la tête !...

RAYMOND.

Les momens sont précieux !... Partons !...

GASPARD, à Baltazar qui entre.

Adieu, père Baltazar...

(*Raymond l'entraîne.*)

SCÈNE XI.

BALTAZAR, seul.

Qu'a-t-il donc ce Gaspard, c'est la première fois que je lui vois une figure si rayonnante... est-ce qu'il aurait trouvé moyen de gagner de l'argent en prison..... ces diables de Normands ça brocante partout !...

SCÈNE XII.

BALTAZAR, ALBERT.

ALBERT, à part.

Grâce au ciel, ils n'y sont plus... Je tremblais que Jules les rencontrât ici...

BALTAZAR.

Eh bien ! en avez vous appelé ?...

ALBERT.

Non... j'ai renoncé...

BALTAZAR.

En ce cas, jeune homme, préparez-vous... car demain... vous m'entendez !...

ALBERT.

Je suis tout prêt...

(*On frappe.*)

BALTAZAR.

Qu'est-ce qui vient encore ? . . . . Vous recevez bien des visites.

(*Il ouvre.*

SCÈNE III.

LES MÊMES, JULES.

ALBERT.

Jules.

BALTAZAR.

C'est encore vous, Monsieur ?...

ALBERT.

Ah ! je vous en prie... ne refusez pas de nous laisser quelques instans ensemble... ce sera la dernière fois, et c'est mon ami... mon frère...

BALTAZAR.

Son frère !...

JULES, à Baltazar.

Je vous ai déjà montré ma permission...

BALTAZAR.

Sans doute. . . mais ne soyez pas long. . . je reviendrai vous chercher

(*Il sort.*)

SCÈNE XIV.

ALBERT, JULES.

JRLES, très-sombre.

Je viens te tenir ma promesse...

ALBERT.

Tu viens me tenir ta promesse.

JULES.

Tu as exigé de moi cet épouvantable service... tu l'exiges encore, Albert !...

ALBERT.

Mon frère, tu m'as juré !...

JULES.

Je ne sais pas fausser un serment... mais, était-ce à un frère que tu devais demander ?...

ALBERT.

Je l'ai demandé au seul ami que j'eusse sur la terre.

JULES.

Et rien, rien n'est capable de te détourner de cet affreux dessein ?

ALBERT.

Rien...

JULES.

Une circonstance imprévue pourrait faire connaître ton innocence... Il faut quelquefois peu de temps, pour qu'un trait de lumière...

ALBERT.

C'est demain que je dois marcher au supplice.

JULES.

Demain !...

ALBERT.

Oh ! délivre moi de cette horrible attente...

JULES.

Il le faut donc... il faut que ton frère... eh bien !... si rien ne peut te détourner de ta fatale résolution, la mienne est prise aussi...

ALBERT.

Comment.

JULES.

Albert !... hier, tu as été témoin de mon mariage, celle qui s'est unie à mon sort, j'en suis chéri autant que je l'idolâtre... elle est ma vie, mon bonheur ! et je suis tout pour elle...

ALBERT.

Eh ! bien ?...

JULES.

Je dois rester seul à mon père, pour soutenir ces vieux jours, pour le consoler de ta perte... il compte sur moi... sur mon épouse, pour lui faire oublier ses chagrins...

ALBERT.

Tes soins, ta tendresse, le dédommageront facilement...

JULES, *d'un ton amer.*

Non : tu vas tout détruire... tu vas plonger dans la tombe mon épouse, l'auteur de mes jours...

ALBERT, *vivement.*

Mon frère !...

JULES.

Tu l'as voulu !... (*Il tire un flacon et verse dans les deux gobelets qui sont restés sur la table.*) Tiens !.. ose toucher à l'un, l'autre est pour moi !...

ALBERT.

Dieux !!...

JULES.

Tu hésites ?

ALBERT.

Jules !... tu n'as pas réfléchis... tu ne peux vouloir... cette terrible condition... tu n'y tiendra pas...

JULES.

Toi seul peut me faire changer...

ALBERT.

Moi... Le parti que je prends est le seul qui me reste !...

JULES.

Le mien est irrévocable.

ALBERT.

Le ciel le réprouve.

JULES.

Toi-même m'y forces...

ALBERT.

Mon père doit t'arrêter !...

JULES.

Son nom n'a pu te fléchir.

ALBERT.

Tu te trompes, mon frère, c'est lui qui m'a inspiré le serment que je t'ai fait prononcer... c'est pour ne point porter à ce nom respecté l'atteinte la plus cruelle... et je ne le pourrais qu'en lui ravissant son dernier appui... l'enfant de sa vieillesse, tout son espoir !... non... non... ce fils lui restera... Jules, mon frère, console-le... sois toujours digne de lui... fais son bonheur, celui de ta jeune épouse... et sans le haïr, plaignez un malheureux... qui doit seul; (*le quittant vivement, et s'approchant de la table.*) oui : seul, subir un châtiment qu'il a trop mérité.

(*Il jette rapidement un des gobelets à terre, et saisit l'autre qu'il va porter à sa bouche; Jules se précipite sur lui, et le retient.*)

JULES.

Malheureux ! que vas-tu faire ?...

ALBERT.

Laisse-moi... laisse-moi...

(*On entend dans la coulisse :* il est sauvé, il est sauvé.)

JULES.

Entends-tu ces cris ?... quels regrets tu allais nous préparer !...

SCENE XV.

LES MÊMES, MÉLANIE, ADOLPHE, RENNEVILLE, RAYMOND, GASPARD.

ALBERT.

Mélanie, mon enfant !... mon père, serait-il vrai.

MÉLANIE.

Ton innocence est reconnue !...

(*Ils s'embrassent.*)

ALBERT.

Ah ! l'excès de ma joie !...

RENNEVILLE.

Oui, mon fils, tout est expliqué !...

MÉLANIE.

Tu nous es rendu pour toujours.

GASPARD.

Son fils... (*à Raymond.*) Ce n'est donc pas vous ?...

RAYMOND.

Non, il est le fils de M. Renneville.

GASPARD, à part.

Le fils de mon bienfaiteur... et ce n'est que pour de l'argent que je l'ai sauvé !... ah ! je suis un misérable !...

ADOLPHE.

Mon père... embrassez votre Adolphe...

JULES.

Mais par quel bonheur ?...

RENNEVILLE.

C'est à M. Raymond que nous en sommes redevables, et il nous dira sans doute ?...

GASPARD, à part.

Ciel !... (*à Raymond.*) Monsieur !...

RENNEVILLE.

Gaspard ici !...

RAYMOND.

Je tiens de lui cette lettre importante !...

ALBERT.

De lui...

TOUS.

Quoi !...

RENNEVILLE.

Ah ! mon ami, compte sur notre reconnaissance.

GASPARD, *égaré.*

De la reconnaissance... vous, envers moi ?... non, non... (*à part.*) Ah ! comme cet or me pèse !

MÉLANIE.

Nous allons vous devoir le bonheur !...

GASPARD.

Laissez-moi... tenez, tenez ! reprenez cet or... c'était le prix du sang !

(*Il s'enfuit, en se couvrant la figure ; tous restent étonnés.*)

RENNEVILLE.

Que signifie !...

MÉLANIE, *à Raymond.*

Vous paraissez savoir...

RAYMOND.

Oui... mais j'ai promis le secret !...

TABLEAU.

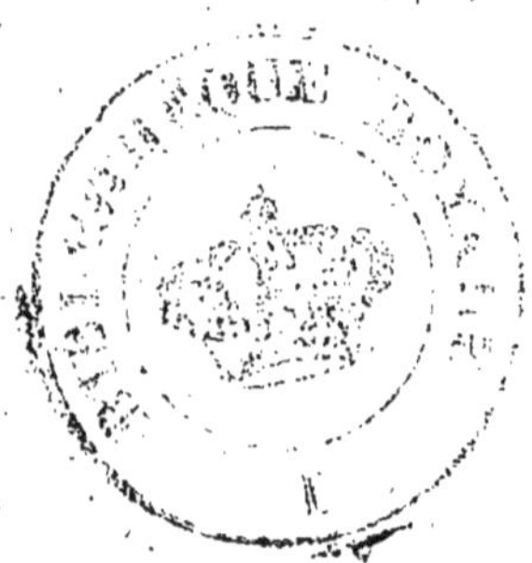

FIN.

Imprimerie de CHASSAIGNON,
rue Gît-le-Cœur, n. 7.

On trouve chez le même libraire un grand Assortiment des pièces de théâtre anciennes, et généralement toutes les pièces nouvelles.

EXTRAIT DU CATALOGUE DES PIÈCES DONT IL EST L'ÉDITEUR.

Ourika, ou l'Orpheline Africaine, drame en un acte, par MM. Merle et de Courcy.

Le Panorama de Paris, par MM. Théolon et Dartois.

Le Pâris de Surène, ou la Clause du Testament, vaud. en un acte, par MM. Grabiel et Philibert.

La Parisienne en Espagne, vaudeville un acte, par MM. Désaugier et Xavier.

Le Passage des Thermopyles, mi-modrame en deux actes, par M. Villiers.

Patapan à l'Attaque du Convoi, pot-pourri, par M. Emile Cottenet.

Patapan à la représentation de Jeanne d'Arc à Feaydeau, pot-pourri par M. Emile Cottenet.

Le Pâtre, mélodrame en deux actes, par MM. Ponet et Franconis jeune.

Le Pauvre de l'Hotel-Dieu, mélodrame en trois actes, par M. Benjamin et Alexis.

Les Paysans, ou l'Ambition du Village, comédie en un acte, mêlée de couplets, par MM. Brazier, Dumersan et Mélesville.

Le Paysan Picard, vaudeville en un acte, par MM. Brazier et Léon.

Le Payan grand Seigneur, ou la Pauvre Mère, mélodrame en trois actes, par MM. Boirie et Léopold.

Les Peintres d'Enseignes, ou les Huissiers à la noce, comédie en un acte, mêlée de couplets, par M. Simonnin.

Les Personnalités, ou le Bureau des Cannes, vaudeville épisodique en un acte, par MM. Françis, d'Artois et Gabriel.

Le Petit Jules, ou la Pension et l'Auberge, vaud. en un acte, par MM. Maréchalle et Ch. Hubert.

Les Petites Saturnales, comédie en un acte, mêlée de couplets, par MM. Brazier, Carmouche et Mazères.

Le Phylosophe en Voyage, opéra-comique en trois actes, par M. Ch. Paul de Kock.

La Pièce d'Emprunt, ou le Compilateur, comédie en un acte, mêlée de vaudevilles, par MM. Crosnier et Saint-Hilaire.

Ismaïl et Mariam, ou l'Arabe et la Chrétienne, mélodrame en trois actes, par M. Frédéric.

Isoline, ou le Page Ensorcelé, comédie-vaudeville en un acte, par MM. Brazier et Carmouche.

La Jambe de Bois, mélodrame en trois actes, par MM. Poujol et Ch. Hubert.

www.ingramcontent.com/pod-product-compliance
Lightning Source LLC
LaVergne TN
LVHW010043230826
846091LV00005B/1848